ALBA

(POEMAS DE AMOR / LOVE POEMS)

Title: Alba (Poemas de amor / Love Poems)
ISBN-10: 1940075319
ISBN-13: 978-1-940075-31-0

Design: © Ana Paola González
Cover & Image: © Jhon Aguasaco
Author's photo by: © Rafael Dueñas
Editor in chief: Carlos Aguasaco
E-mail: carlos@artepoetica.com
Mail: 38-38 215 Place, Bayside, NY 11361, USA.

ALEX LIMA

ALBA

(POEMAS DE AMOR / LOVE POEMS)

artepoética
press

NUEVA YORK, 2015

For Abby, Alba, Axel, Maks,
Baby K, Leyland, Brian,
Ryan, Dana, Kristin… Our
Guardian Angels.

CONTENIDO / CONTENT

Difícil olvidar

Maduración por el dolor. Conversión en poesía. La muerte de la hija. "Pero en vez de disfrutarte amor mío te voy a visitar al cementerio". No tenemos ni una foto de ella–Alba, Albita— pero la llevamos como un roche en la pretina. ¿Qué es vivir apenas unas horas? ¿Qué es vivir? Un simulacro. Y en jerga latinoamericana: "Dándole yuca a la muerte". Aquella de Sylvia, Alfonsina, Virginia recién me entero. Pero no nos enteramos de nada. ¿De qué podríamos enterarnos? Sino de lo que ya sabemos: somos fugaces finitos efímeros. Qué más da? Qué quieres que te diga? Ya pasó –sí— pero ahora entiendo lo que significa morir de pena. Tipo Sandro Penna. Y esta trilogía terrible que nos deschava: "La vida misma es una pose / una pose diaria / ante la inevitabilidad / de la muerte". Todo es muerte aquí, pero también es vida. Vida eterna. Duradera como esta poesía. Grande poesía de Alex Lima. Mundo en español & mundo en inglés. Ambas lenguas son insuficientes para decir el dolor tan inmenso. Y todavía caminamos sobre el césped de la apariencia. Decadentes & modernistas & postmodernos: "Te enterramos con amor". Sigues viva Albita "Tu asiento de bebé sin estrenar" en este libro y en el corazón de todos nosotros.

Roger Santiváñez
Collingswood, New Jersey, Martello Tower, abril 2015.

HARD TO FORGET

Maturing through suffering. Conversion into poetry. The death of a child. "But instead of enjoying you I come to visit you at the cemetery." We don't have a single picture of Alba, Albita, but we carry you in our hearts. What does it mean to live a few hours? What is living? A simulacrum. In Latin American jargon: "Giving Death the middle finger." I just found out about Sylvia, Alfonsina, and Virginia. But we can't figure it out. There is nothing to figure out except what we already know: our fleeting, finite, ephimeral existence. Who cares? What do you want to hear? It's over—right—but now I understand what it means to die of a heartache. Like Sandro Penna. And that dreadful trilogy that reveals who we are: "life itself is a pose, / a daily pose / to confront inevitable death." Everything in this book is death but also life. Eternal life. Long-lasting like these verses. Great poetry by Alex Lima. A world in Spanish & a world in English. Yet both languages are insufficient to express this unimaginable sorrow. And we continue living for the sake of appearances. Decadent & *modernista* & postmodern: "We buried you with love." Albita, you are still with us "Your car seat yet-to-be-used" in this book and in our hearts.

Roger Santiváñez
Collingswood, New Jersey, Martello Tower, April 2015.

LEGEND

sometimes
I perceive the world in English
               sometimes
I decipher the world in Spanish
sometimes
                    beauty is such I'm left speechless
  sometimes
        the pain is such there are no words,
                    in either language,
       to soothe the pain
           to mourn the loss

LEYENDA

a veces
percibo el mundo en inglés
       a veces
       lo descifro en español
a veces
       la belleza es tal que me quedo
sin palabras
       a veces
       el dolor es tal que no existen
           palabras
               en lenguaje alguno
       para aliviar la pérdida
           para soterrar el dolor

*P*ENA

Por fin puedes dormir[1]
con lamparones de lágrimas en la bata
de forma transversal a tus ronquidos ondulantes,
al unísono con el aire acondicionado—
alto, cada vez más alto—
lamentos felinos junto con rugidos
ruedas de engranaje atascadas
en la incertidumbre,
se asemejan a
gemidos cetáceos a medida
que vomitas residuos de gel sonográmico
a orillas de una pesadilla irreversible
donde nos rompemos de sopetón
como olas contra un muro de realidad.

---

1 Tras varios días sin poder conciliar el sueño por fin pudo dormir. Durmió exhausta, desposeída de su creación más preciada— su hija que no pudo ser—.

Finally able to sleeep[1]
your hospital gown stained with drying tears
you lay across undulating snores
in unison with the AC kicking higher,
higher:
feline lament intertwined with growls
or gear wheels stuck
in uncertainty,
your snores resemble cetacean moans
as you vomit remains of sonogramic
gel on the shores of an irreversible nightmare
where we suddenly crash
like waves against
a wall of reality.

1   After many days of insomnia she was finally able to fall asleep. She crashed, exhausted, stripped of her most precious creation– her stillborn daughter.

Desafortunadamente
sólo después de la tragedia
las cosas insignificantes adquieren valor:

Earth to earth,
we end up benath a carpet of artificial
grass
life played out on borrowed
turf, life as a game
we are predetermined to lose;
inexplicably we up the ante
for the sake of appearances
to create a brief illusion,
the illusion
of immortality.

Unfortunately
only in the wake of tragedy
insignificant things acquire true meaning:

De la tierra venimos
y en la tierra acabamos
bajo una parcela de césped
artificial
como si la vida fuera un juego
que lo sabemos perdido de antemano;
no obstante apostamos
por el césped de la apariencia
para hacernos la ilusión,
la ilusión
de que somos inmortales.

te hicimos con amor
te esperamos con amor
te tuvimos con amor
[te enterramos con amor]
te recordamos con amor

we made you with love
we expected you with love
we held you with love
[we buried you with love]
we remember you with love

¿Qué sabe la Vida de la vida?
si apenas se levanta sigilosa
y vuelve a acostarse de inmediato
a contemplar el perfil
de otros amaneceres,
se levanta estulta sin hacer la cama
y se acuesta sin haber hecho
los deberes;
sale a jugar cuando quiere,
mientras la bebé da pataditas en el vientre,
y se tumba sin aviso previo
sin explicación alguna.

¿Qué sabe la Muerte de la muerte?
parece caer agonizante y sin embargo
se pone en pie de inmediato
para llevarse a otro
sin explicación alguna.

¿Qué sabe la Muerte de mi muerte?
sabe que la engaño a diario
sabe que no le temo
ya que desconozco
la suerte
de mi descendencia.

What does Life know about living?
she is barely awake
when she is already lying down
contemplating the silhouette
of a new day,
she grudgingly gets up without
making her bed, and goes to sleep
again not having done her chores;
she goes out to play when she pleases,
as we feel the baby kicking softly,
as she settles down for good
unexpectedly, without justification.

What does Death know about dying?
She appears to be in her deathbed
as she is already back on her feet
knocking the life out of somebody else
unexpectedly, without justification.

What does Death know about my death?
she knows I trick her, day in and day out,
she knows I'm not afraid
given that I ignore
the fate of my progeny.

Tampoco
en la muerte somos iguales
hay cadáveres de mausoleo,
otros con lápidas de bronce,
algunos con imitación de mármol,
otros ni siquiera tienen lápida–
como si la misma Muerte
en son de burla, los hubiera abandonado–
doble muerte.

Hay un vacío entre mis brazos
                    y el pecho,
un socavón de impacto meteórico
donde se encharca la sangre disuelta
                    con lágrimas
mientras se filtra el aire por mis arterias
punzadas
            siento un vacío entre mis brazos
                    y el pecho
me pesan los brazos de cargar
con la pena más horrenda
pena con aroma de azaleas y placenta
            siento un vacío entre mis brazos
                    y el pecho
ni los abrazos sinceros ni la comida abundante,
ni las canastas de fruta ni las condolencias,
pueden rellenar este socavón etéreo.

Ahora entiendo
por qué los futbolistas acurrucan al viento
tras marcar un gol
por qué lloran sin consuelo
tras ganar un torneo—
es por la imposibilidad de celebrarlo
con los que ya se han ido—.

Al final terminamos siendo padres
de nuestros padres,
y contemplo a la distancia mi orfandad
porque también terminamos
siendo hijos de nuestros hijos.

Not even
in death are we equal
there are mausoleum graves,
even some with bronze or immitation
marble tombstones; others don't
even have grave markers– as if Death itself
had mockingly abandoned them,
double death.

There is a void between my arms
                        and my chest,
a sinkhole of meteoric proportions
where stalled blood has dissolved
                        with tears
as I feel the wind passing through
my punctured veins
                I feel a void between my arms
                        and my chest
my arms feel so heavy after bearing
with the most horrendous pain— *pena*
perfume of azaleas and placenta
                I feel a void between
                        my arms and my chest
neither hugs nor comfort food,
neither fruit baskets nor heart-felt condolences,
can start to fill this ethereal sinkhole.

I now understand
why footballers pretend to rock the wind
upon scoring a goal,
why they break down in tears
upon winning a tournament—
because they are unable to celebrate
with those who are gone.

In the end, we end up becoming
our parents' parents,
as I contemplate my orphanhood
at a distance because in the end
we also wind up becoming our
children's children.

OBAMA II

Sin padre ni madre
que te arrope,
Obama,
llevas la orfandad
en la mirada cana.

Sin patria ni hermano
que te acoja,
Obama,
eres el pirata que anunciaba
tu foto de niño:
ya capitán de un bajel
a la deriva de derivados
permutantes,
ya bucanero de guerras sin fin,
náufrago
en el oleaje del *mare ignotum*
varado en una isla
con manchas de fuel
en las orillas.

Que el Hado o Neptuno
te encaminen bien, Obama,
por este tramo de tu historia
y puedas retornar a salvo,
no, no a la Casa Blanca
en constante asedio
sino al beso de tus niñas
y a los brazos de Michelle—
genealogía irrefutable
con ramas de esperanza—.

No, no eres huérfano
Barack Obama,
eres
hijo de tus hijas
pero inexplicablemente
hermanastro de tu pueblo.

OBAMA II

With neither father nor mother
to shelter you,
Obama,
you wear your orphanage
in your ancerstral gaze.

With neither fatherland
nor brotherland to shelter you,
Obama,
you are the pirate foreshadowed
in your child picture:
already captain of a vessel
adrift a sea of permutating
derivatives,
already buccaneer of endless wars,
a castaway
in the midst of unknown seas
stranded on an island
stained with fuel
along the shores.

May Destiny or Neptune
show you the right path, Obama,
along this stretch of history
and may you have a safe return,
no, not to the White House
constantly under siege
but to your daughters' kisses
and Michelle's arms—
undisputable geneaology
where hope branches out
in all directions.

No, you are no orphan,
Barack Obama,
you are your children's children
yet inexplicably
stepbrother to your people.

//Así
en una de las ocho dimensiones restantes:
te acurrucamos
te cambiamos los pañales
te amamantamos
te bañamos
te sacamos a pasear
en tu asiento de bebé sin estrenar,
te ponemos las vacunas de los dos meses.

Así
en alguna de estas ocho dimensiones:
estoy rozando mi mejilla con tu cachete
mi nariz sobre la tuya,
otro beso en la frente,
te apachuchamos
y una lágrima se desvanece
sobre tu rostro celestial. //

Mientras tanto los cuerpos anclados
a esta dimensión se van disipando,
se van disipando…

//Thereafter
in one of the remaining eight dimensions
we cuddle you
we change your diapers
we breastfeed you
we bathe you
we take you out for a ride
in your yet-to-be-used car seat,
we give you your two-month
immunizations.

Thereafter
in one of those eight dimensions:
I rub my cheek against your cheek
my nose gives you an eskimo kiss,
another kiss on the forehead,
we snuggle you
as a tear dissipates
in the eternity of your celestial face. //

Meanwhile, the bodies anchored to
this dimension keep on vanishing,
keep on vanishing away…

gata
apéndice del dolor
ronroneos de consuelo
coletazos de ánimo
maullidos de contrapena
mofletes húmedos
compasión bola de pelos;
ahora entiendo por qué
mis antepasados
creían que ciertos reptiles
podían reducir tumores
al frotarlos
sobre el área del bulto
canceroso

gata
appendix to my pain
consolating purring
cheerful swiping tail
meowing of *counterpena*
wet whiskers
hairball of compassion;
I finally grasp why
my ancestors believed
that scrubbing certain reptiles
against a malignant tumor
could actually
shrink it

Hoy se me ocurrió la posibilidad de haberle cantado "Es mi niña bonita", una canción reservada para bodas y quinceañeras, a mi Albita durmiente en el hospital. Al tararear la canción en el tocadiscos mental se me desborda la pena:

Es mi niña bonita / con su carita de rosa.
Es mi niña bonita / cada día más preciosa,
es mi niña bonita / hecha de nardo y clavel
es mi niña bonita / es mi niña bonita
cuanto la llego a querer...

Si un día se muere mi niña
por el azar del destino
se me destrozará el alma
y lloraré como un niño.

Igual te querremos tanto
como si hubieras vivido
te soplaremos las velas
te daremos muchos mimos.

Es mi Albita bonita, con su carita de rosa.
Es mi Albita bonita, cada día más preciosa,
es mi Albita bonita, hecha de nardo y clavel,
es mi Albita bonita, es mi Albita bonita,
cuanto la quiero tener...

It occurred to me today, what if I had sung my sleeping Albita "Es mi niña bonita," a song reserved for weddings and quinceañeras. As I hum this song in my mental record player, I crumble in pieces, I drown in *pena*:

> *She's my beautiful child / with her rosy cheeks rosa*
> *She's my beautiful child / each day more preciosa*
> *She's my beautiful child / made of carnation and nard*
> *She's my beautiful child / she's my beautiful child*
> *I want to hold her again…*

If my baby were to die
as for Destiny's mishaps
 my soul would be torn to pieces
and I would weep like a child.

Yet we would love you so much
as if you were still here with us
we would celebrate your birthdays
we wouldshower you with love.

Oh, my beautiful Alba! With her rosy cheeks *rosa.*
Oh, my beautiful Alba! Each day more *preciosa.*
Oh, my beauftiful Alba! Made of carnation and nard.
Oh, my beautiful Alba!Oh, my beautiful, Alba!
I want to hold you again…

MECONIO

¡Vaya crueldad morirse de un suspiro!
Como si mi niña hubiera sido decadente
y modernista
no pudo ni siquiera balbucear
sus primeras vocales
ni gozar de los excesos de porcelana
envuelta en seda tulipán con pétalos
de tul y filigrana
teñida la piel de azur y lapizlázuli
impaciente de que el mar
se convirtiera de una vez en cielo.
¡Vaya crueldad morirse de un suspiro!
      Nada más decadente
            que caer a un precipicio amniótico
           tras intentar su primer respiro.

MECONIUM

How cruel to die after taking a deep sigh!
As if my little one were a decadent
modernista
she didn't even have a chance
to babble her first vowels
nor to enjoy the excess of porcelain
wrapped in silky tulip petals
of tulle and filigree
with her skin tinged with azure and lapis lazuli
impatient for
the sea to turn into an endless sky.
What a cruel way to die!
       Nothing more decadent
            than to plunge into an amniotic precipice
           after attempting her first breath.

"Muchacho,
no sabes nada de la vida",
ahora entiendo por fin lo que quería decir
mi abuelo.

Ahora que ya sé algo de la vida
propongo congelar la inocencia
en una cápsula criogénica,
para degustarla en algún tiempo
futuro,
para degustarla
hasta las altas horas
del banquete transhumano.

Ahora que existimos
a otro nivel
ni los premios ni los lujos
ni tampoco las lujurias
satisfacen como antes:
vivimos en otra dimensión
donde la imprenta del dolor
se alivia con el bálsamo
imaginario
de que nuestro angelito
nos cuida.

"Muchacho,
you know nothing about life,"
I finally understand
what my grandpa meant by that.

Now that I've learned
something about life
I propose freezing innocence
in a cryogenic capsule
for future use,
to savor it until the wee hours
of the transhuman banquet.

Now that we exist
under different circumstances,
neither recognition nor luxury,
not even self-indulgence,
are any longer satisfying:
we live in a different dimension
where the imprint of pain
can only be soothed
with the imaginary idea
that our little angel
is watching over us.

VIDA   –   MUERTE
0   1

No sé todavía
si jugamos de local o visitante
si es Fortuna árbitro o contricante;
parece perpetuarse el conjuro
de que jugamos como nunca
y perdimos como siempre
como si estuviéramos predeterminados
para la derrota…

… el zumbido de la emisión
de un partido dominical
es la banda sonora de otro día—
síntoma de que el río vuelve a su cauce—
un poco tristón pero vuelve.

LIFE — DEATH
0   1

I still don't know
whether we are playing home or away
whether Fortune is the referee or
the opponent,
the curse has not been dispelled:
we did our best
yet we lost again
as if we were predetermined
for defeat...

... the buzzing of a Sunday game
broadcast
is the soundtrack of a new day—
perhaps a sign that everything will
run its course—
still gloomy but hopeful.

La espiga apuntalada de la mala hierba
resalta entre las plantas
como recuerdo de que la mala hierba
sobrevive al dolor y a la belleza;
se regenera
con ansias múltiples de incomodar a quien la mira
pero
también como recuerdo
de que la vida sigue
mientras el pasto húmedo espera
a que llegue otro otoño
con cárdigan azul y pantuflas de felpa
a recoger otro periódico a las puertas
de un mal recuerdo.

A pointy thorn sticks out
among the plants and flowers
as a reminder that weeds
outlive both pain and beauty;
they anxiously regenerate in
all directions
claiming the attention of passersby
but also
as a reminder that life goes on
as damp grass awaits another autumn
donning a blue cardigan and plush
slippers, ready to pick up a newspaper
at the doorsteps of bad memories.

Me
dijo Luz
que te pusiera una
velita blanca todos
los lunes al atardecer.
Lo hice sin cuestionar
la hora, el día, o el motivo.
Sólo sé que me ayuda a
recordarte y a seguir
queriéndote velita
blanca de mi devoción.

Luz
told me
to light a white
candle every Monday
at dusk. I did it without
questioning the motive
or the time of day. I only
know it makes me think
of you when I light a
white candle in devotion
to your memory.

Hoy tendrías un mes y cuatro días,
ya dirías agú y sonreirías
al sacarte una foto,
ya darías pataditas al aire
y manotazos de algodón
en la pañalera;
pero en vez de disfrutarte, amor mío,
te voy a visitar al cementerio
y engancho una rosa blanca
a tu lápida
ante la imposibilidad de ponértela
en el pelo
así como
le quito el polvo a tu nombre
ya que no puedo arreglarte
el flequillo…

Today you would have been
a month and four days old,
you would have said goo-goo
and smiled for the camera,
you would have thrown little kicks
in the air, and knocked down
the diaper genie with your
cotton-candy fingers;
but instead of enjoying you, my love,
I come to visit you at the cemetery
and I clip a white rose
onto your grave marker
since it is impossible to clip it
onto your hair,
the same way
I dust off your name
pretending to run my fingers
through your hair...

TWINKLE, TWINKLE[2]

¿Alba, Alba dónde estás?
En el cielo tú estás:
la estrellita más bonita
la más grande
la más linda.

¿Alba, Alba dónde estás?
Brilla, brilla sin parar.

Alba, Alba ¿dónde estás?
Brilla, brilla más y más,
ilumina mi camita
para poder dormir ya.

Alba, Alba ¿dónde estás?
Brilla, brilla sin parar.

2 Canción de cuna que le cantaban sus primitos. (Tomada de un ramo de flores que le dejaron).

TWINKLE, TWINKLE[2]

¿Alba, Alba where are you?
You are in heaven:
the prettiest star
the shiniest star
the most beautiful of them all.

¿Alba, Alba where are you?
Shining, shining more and more.

Alba, Alba where are you?
Shining, shining even more,
please light up in the sky
so I can sleep seeing you.

Alba, Alba where are you?
Shining, shining I see you.

---

2   Lullaby that her little cousins made up. (Retrieved from a bouquet on Alba's grave).

Escondo la pañalera
para no incitar al recuerdo,
sin embargo
mientras corro escaleras arriba
la abrazo, le doy un beso
en su curvatura plástica— imaginando su cabecita—
y al final rompo en llanto, sin hacer ruido,
para no incitar al recuerdo.

I get the diaper genie out of sight
to avoid bringing back bad memories,
however
as I run upstairs with it
I embrace and kiss
its round plastic top– pretending to be
kissing her little head– but I break down in tears
instead, and cry in silence, to avoid bringing back
bad memories.

CONTRAPENA

BACK TO WORK

Some of my colleagues are
extremely professional—
professional human beings—
when someone gives you a hug
to prevent others from asking
the inevitable question:

How was your summer?

Someone hugs you and whispers:
"Nothing, I don't want to say nothing,"
double negative to restore my faith
in humanity.

VOLVER AL TRABAJO

Algunos de mis colegas son muy
profesionales– seres humanos
profesionales–
cuando alguien te abraza
para prevenir que otros hagan
la pregunta inevitable:

¿Qué tal el verano?

Alguien te abraza y susurra:
"Nada, no quiero decirte nada",
reafirmación de la nada
que mantiene viva mi fe en
la humanidad.

Es lo que hay

Persona 1: ¿Tienes hijos?
Poeta: Una en el cielo, respondo.

(se escuchan murmullos)

Persona 2: Todavía son jóvenes, pueden tener más niños.
Persona 3: El tiempo lo sana todo.
Persona 4: Tenéis un angelito en el cielo.
Persona 1: ¡Hay que intentarlo de nuevo!
Persona 2: Vuestro amor os ayudará a superarlo.

Poeta: Pero a veces el amor no es suficiente para aliviar
el dolor, el amor es simplemente un sedante,
un analgésico; el amor es la cicatriz que queda
de recuerdo… si es que la herida alguna vez sana.

It Is What It Is

Person 1: Do you have kids?
Poet: I have one in heaven, I respond.

(Indistinct chatter)

Person 2: You are still young, you can have more.
Person 3: Only time.
Person 4: You have an angel in heaven.
Person 1: Try again!
Person 2: Your love will get you through this...

Poet: But even love, sometimes, is not strong enough
to relieve pain, love is merely a sedative, a painkiller;
love is the scar left behind... if the wound ever heals.

Artículo del New Yorker

"Si Dios es amor y algunos se aman por ende Dios existe".
– Los pragmáticos

Había asumido erróneamente
que los creyentes
lidiaban mejor con la pérdida
que aquellos que no profesan dogma alguno.
Lo cierto es que cualquier pérdida—en particular
la de una hija— puede hacer dudar
a cualquiera; incluso a aquellos que siempre
han creído.

Y es más difícil aún
si no se cree
en la resurrección
ni en el Juicio Final
ni en los ángeles
ni en el cielo;
nos morimos y…

…no hay vida después de la muerte
y queda aún menos vida
tras la muerte de un ser querido.

NEW YORKER ARTICLE

"If God is love and some people love each other then God exists."
                                                    – The pragmatists

I had wrongly assumed that those with
religious faith
dealt much better with loss
than those of us who practice no dogma.
The truth is that loss— especially the loss
of a child— can make anyone doubt the existence
of God; even among those who always believed.

And it is even more burdensome
if one does not believe
in resurrection
in the Final Judgement
in angels
in Heaven;
we die and…

…there is no life after death
as even lesser life remains
after the loss of a loved one.

NPR INTERVIEW

"It's like losing an arm yet you have to do all the things you
used to do with both arms."
– Father of 9/11 victim

... and other people look at you
like you are missing a limb,
some with awe, some with pity, even
some with fear—
afraid
to say something wrong
as if you were suddenly deformed.
Some look the other way,
others keep staring at your missing
limb, many avoid the subject,
others… want plenty of details.
Yet countries are made up
of people,
all kinds of people:
some with missing limbs
some with broken souls
yet all of them contained
within our common humanity
as nations are held together
with semen, blood, and placental debris.

Entrevista en NPR

"Es como haber perdido un brazo y aún así seguir haciendo
todas las cosas que solías hacer con ambos".
– Padre de víctima del 9/11

…y la gente te mira
como si te faltara un brazo
unos con asombro, otros con pena,
incluso algunos con recelo—
con miedo
de decir algo hiriente—
como si de repente estuvieras deformado.
Algunos miran en otra dirección
otros se quedan contemplando el vacío de
la extremidad ausente, otros evitan el tema,
algunos incluso… exigen lujo de detalles.
Las naciones sin embargo
se componen
de gente,
de gente de todo tipo:
algunas sin extremidades
otros con el alma rota
pero todos compenetrados
en nuestra humanidad común
así como las naciones se mantienen
unidas con semen, sangre y restos placentarios.

SEPTEMBER 11, 2011

Those who've lost loved ones
seem to be sedated— to the extent that
they are no longer able to hate,
no longer able to mock,
or hurt other people's feelings;
perhaps this is the gift left behind
by those who left us.
I reach this conclusion
as the names of the victims are read
one by one, in alphabetical order,
as water drips peacefully
along the crevices of the marble memorial
along the fine line between
today and a yet-unknown tomorrow.

11 DE SEPTIEMBRE, 2011

Aquellos que han perdido
a seres queridos parecen estar sedados—
al punto que han perdido la capacidad de odiar,
de burlarse o de lastimar sentimientos ajenos—
éste es quizás el mayor legado
de aquellos que se fueron.
Llego a esta conclusión
mientras se leen los nombres de las víctimas
uno por uno, en orden alfabético,
a medida que las gotas se deslizan
por las fisuras del monumento de mármol
por la grieta tenue entre el día de hoy
y un mañana incierto.

If tears could bring you back, my love,
I would cry you oceans, water baby;
if these verses could bring you back,
I would write incessantly
until I'm able to hold you again
baby of letters;
if my voice could bring you back,
baby last breath, I would dry out
my lungs to hold you close again;
if pain could somehow take shape—
consolation baby— you would have
already been here with us.

If tears could bring you back, my love,
we would have twenty Albitas
doing a round-a-bout around
our sorrow;
if tears could drain this pain,
my love,
I would have filled a river with them
and I would have crossed to the   other side
but none of this is any longer
            possible.

Si mis lágrimas pudieran devolverte,
mi amor,
lloraría océanos, bebé de agua;
si estos versos pudieran devolverte
escribiría incesantemente hasta
recuperarte, bebé de letras;
si esta voz te pudiera traer de vuelta,
bebé aliento, dejaría secos
mis pulmones hasta tenerte cerca;
si el dolor pudiera tomar forma— bebé
consuelo— ya te tendríamos aquí
junto a nosotros.

Si mis lágrimas pudieran devolverte,
mi amor,
ya tendríamos veinte Albitas
haciéndonos una ronda
alrededor de nuestra pena;
si mis lágrimas pudieran drenar
este dolor, mi amor,
ya habría llenado un río con ellas
y habría cruzado   al otro lado
pero ya nada de esto
          es posible.

In retrospect
I regret not taking pictures
of my baby girl while still in my arms—
while still in her mother's arms,
as it was customary in the late
nineteenth century; as they believed
a daguerrotype of salvation.

It may seem kind of morbid nowadays,
an act of necrophilia even, yet it would have been
the only tangible memento before
she turned purple: purple feet, purple
hands, soft, cold, purple cheeks.

Only after death
photos acquire deeper meaning
but I don't have a single one
I am only left with the memory
of her newborn smell, and the touch of her soft,
wrinkled feet.

Después de todo
me arrepiento de no haberme sacado
fotos con mi niña en brazos—
o en brazos de su madre— así como
se acostumbraba a finales del siglo diecinueve;
un daguerrotipo de la salvación
como se creía entonces.

Hoy en día, podría interpretarse como
un acto mórbido de necrofilia,
pero hubiera sido el único
recuerdo tangible antes de que se pusiera
moradita, con sus piececitos morados, sus
manitas moradas, sus cachetes blandos, fríos
y también morados.

Sólo tras de la muerte
las fotos adquieren un profundo significado
pero no guardo ni una sola foto
sólo el recuerdo
de su olor a reciénnacida y las caricias
de sus piececitos arrugados.

RESIGNACIÓN

entierro
        aniversario
                lápida
                recuerdos
        ¿otro bebé tal vez?
las estaciones
        otro estilo de vida
        quizás
        la muerte misma
es la única forma
de aceptar
        la pérdida…

ON CLOSURE

burial
　　　　anniversary
　　　　　　　　tombstone
　　　　　　　　mementos
　　　　another baby?
seasons
　　　　lifestyle changes
　　　　perhaps
　　　　death itself
is the only form
　　　　of closure…

PUERTA DEL INFIERNO

Los hacemos en otoño
y alimentamos el milagro
a lo largo del invierno—
llega la primavera
              reafirmando la promesa.—

Los hacemos en otoño
y por alguna razón inexplicable
los perdemos en mitad del estío
como si la puerta del infierno
se abriera a la medianoche
en medio de una tierra extraña.

GATES OF HELL

We make babies in autumn,
and we nurture them through
winter–
spring arrives
       reassuring
       hope and promise.

We make babies in autumn,
and for some inexplicable reason
we lose them in the midst of summer
as if the Gates of Hell
were to open, in the middle of the night,
in the middle of a strange land.

Beso en la frente

Por fin puedo captar
el simbolismo del gesto:
Un beso en la frente como
antídoto al olvido,
mientras velamos
el féretro de una adolescente
que se ha ido antes de tiempo.

Creo
que la madre destrozada besó mi frente
en respuesta al cariño que le dimos a su hija
como si el beso fuera un enlace entre
el presente y el más allá; un instante indeleble
en el continuo posterior a la existencia.

Sospecho que la madre desconsolada se acordó
de los momentos agradables que pasamos en clase
así como yo
veo una versión adolescente de mi niña
en algunos de mis estudiantes.

KISS ON THE FOREHEAD

I finally grasp
the symbolism of the gesture:
A kiss on the forehead as an
antidote for oblivion,
as we stand beside
the casket of a teenage child
gone before her time.

I believe
the grieving mother kissed my forehead
in return for all the love we gave her child—
the kiss as a link between the present
and the afterlife; an indelible moment in the
continuum beyond existence.

I suspect the grieving mother recalled
fun times in class that her child had shared at home,
the same way
I see an older version of my child
in some of the children I teach.

Te enciendo otra vela al alba
para recordarte
para recobrar fuerzas
y sobrellevar otro día;
para no olvidarte sin dejar
de olvidar que la vida sigue
hasta que decida extinguirse.

Te enciendo otra vela blanca
al amanecer de lo inesperado
e invoco tu nombre, Albita,
antes de apagar la vela
como despedida matutina
ya que no puedo estamparte
un beso en la frente.

I light another candle at dawn
as remembrance
to gather up strength
and endure another day;
in order not to forget you
without forgetting that life goes on
until it decides to expire.

I light another white candle
at the dawn of the unexpected
as I invoke your name, Albita,
before putting out this candle
as a morning kiss goodbye,
since I cannot stamp one
on your forehead.

Del amor florece la vida
y la vida se marchita
en muerte
{la muerte engendra dolor
y del dolor se desprende un
aroma de cariño
entre lágrimas, abrazos,
y así florece más amor
(y de este renovado amor
vuelve a retoñar la vida)
aunque en esta ocasión
nueva vida}
con lunares de llanto
sobre la piel…

Life flourishes out of love
but life fades away
into death
{death gives birth to pain
yet pain releases
an aroma of affection
mixed with tears and embraces
thus greater love blossoms
(and from this renewed love
life sprouts again)
although this time
new life}
new flesh
marked with tears…

Ahora entiendo
lo que significa morir de pena:
el porqué un viejecillo se va
al poco tiempo de perder a su pareja.
Ahora entiendo por qué muere de pena
quien ha perdido a un hijo
aunque a diferencia del viejecillo,
el último muere a cuentagotas
se le consume el alma y se le desgasta
el espíritu de forma más y más alargada.

I finally grasp
what it means to die of a heartache:
why an old man passes away
immediately after losing his spouse.
I now understand why someone who
has lost a child dies of a heartache
but unlike the old man,
the latter dies little by little,
his soul dries up gradually
in a long, long spiritual
decay.

Sátiro: Tu poesía es una pose
eso de hacerse el loco
ser bohemio
no afeitarse
vestir de negro
no cortarse el pelo
autodestruirse
andar siempre cabizbajo
es sólo una pose.

Poeta: He llegado a la conclusión
de que la vida misma es una pose,
una pose diaria
ante la inevitabilidad
de la muerte.

Satyr: Your poetry is a pose
      acting cuckoo
      acting bohemian
      not shaving
      dressing up in black
      not getting a haircut
      self-destructing
      walking around crestfallen
      it's all a pose.

Poet: I have reached the conclusion
      that life itself is a pose,
      a daily pose
      to confront inevitable death.

CHRISTMAS SPECTACULAR

El mundo perfecto está hecho de princesitas
Santa Claus por todas partes
como las gaviotas
como Starbucks
como los villancicos.

El mundo perfecto está hecho de princesitas
donde nada importa más
que
un tutú rosado y una varita mágica
mientras caminan airosas
por la alfombra roja
como estrellas
brillantes y
sonrientes.

CHRISTMAS SPECTACULAR

A perfect world is made up of *princesitas*
Santa Claus everywhere
like seagulls
like Starbucks
like Christmas carols.

A perfect world is made up of *princesitas*
where nothing else matters
but
a pink tutu and a magic wand
as they walk down
the red carpet
like shining stars
wearing a smile.

A veces, me lleno de
tal paz interior
que me urge caminar hacia el lago—
como en "Alfonsina y el mar"—
y entregarme a la princesa
Ronkonkoma
para que no derrame más lágrimas
que pudieran desbordar el lago
aledaño a mi casa, ya inundada
de pena...

... y quisiera sumergirme
en el Lago Ronkonkoma
como uno de los tantos
mancebos anuales
primero los pies, luego el torso
pies-torso-pecho-dolor
sumergido en barro y desconsuelo...

Sin embargo me detengo y pienso:
no sería mejor honrar su memoria
viviendo intensamente—
y retrocedo—,
me seco las lágrimas,
el torso, los pies,
contemplo mis uñas moradas
y regreso a caminar por
el sendero que conduce
hacia donde sea
que vamos a parar
tras el último suspiro.

Some days, I'm filled with such
inner peace
that I feel the urge to walk into the lake—
like in "Alfonsina y el mar"
and give myself to princess
Ronkonkoma,
to stop her from shedding tears
that could eventualy overflow the lake
near my house already inundated
in sorrow…

… and I want to submerge myself
in Lake Ronkonkoma
like many young men have
in this annual ritual
feet first, then torso,
feet-torso-chest-pain
submerged into mud and grief…

However I stop and think:
wouldn't it be better to honor
her memory by living life to the fullest—
so I step back,
I dry my tears, my torso,
then my feet,
I stare at my purple toenails
as I get back on the trail
to wherever
we end up
after our last breath.

New York Public Library

I didn't know she
            had also done it,
I knew about Sylvia and Alfonsina
but never suspected Virginia.

Perhaps,
if someone were to write me a song
like "Alfonsina y el mar" after the fact,
I would probably consider stashing
my overcoat pockets with heavy
rocks
and proceed to submerge my/self
into the
still waters of the nearby lake.

The only difference:
I wouldn't even leave
a cane behind
as proof of my existence.

New York Public Library

No sabía que ella
          también lo había hecho,
sabía de Sylvia y de Alfonsina
pero nunca sospeché de Virginia.

A lo mejor,
si alguien me escribiera una canción
como "Alfonsina y el mar" después del acto,
me plantearía llenar los bolsillos de
mi gabardina con piedras pesadas
y procedería a sumergir/me
en las aguas serenas
del lago aledaño.

La diferencia:
no dejaría ni siquiera
un bastón como prueba fehaciente
de mi existencia.

Los humanos como las ardillas
anidan dentro de árboles
y en los momentos difíciles
dejan rasguños de desesperación
sobre la puerta de madera
prueba de que también
podemos languidecer
como ardillas empapadas
a diez grados
bajo cero.

Humans like squirrels
also nest inside trees
and leave behind scratches
of desperation
on the wooden door
after difficult moments,
as proof that we, too,
languish
like wet squirrels
ten degrees
below zero.

:
con
llagas en
las venas y
conversación distendida, mueres
en tu propia ley
Petronio:
tus
latidos
trazan una
silueta de perfil similar al
contorno del
puente
de la
59
el latido
más fuerte apunta
al vértice de un rascacielos,
los símbolos
malditos
amagan
con
disiparse,
la vida coquetea
con la muerte suspensa
en palpitaciones
de luces
inter-
mi-
tentes allí
donde yaces Tú,
hermano, dándole hasta
el final,
dándole

yuca
a la
m
u
e
r
t
e
.
.
.

:
with
sore veins
and relaxed chat
you die on your own terms
Petronio: your
heartbeats
trace a
silhouette
similar to the
contour of the Queensborough
Bridge, the
strongest
heart-
beat points
to the vortex of a skyscraper
the cursed symbols
appear to dis-
sipate, as
life
flirts with
death suspended in palpitations
of intermittent
night lights
right
where
You lay, my
brother, giving Death,
giving her
the

mid-
dle
f
i
n
g
e
r
.
.
.

24 DE DICIEMBRE

¿Qué tal si Jesús nunca hubiera
nacido?,
¿se habría convertido también
en otro angelito?
Con todas las complicaciones
que María tuvo
fue en realidad un milagro en sí
el haber llegado en asno
al pesebre.

Nosotros en cambio, que lo tenemos
todo, no pudimos hacer nada.
Si Jesús hubiese muerto antes de nacer,
¿habría sido otro angelito
allá donde van las almas sin llanto?

DECEMBER 24

What if Jesus had never been born?
Would have he also turned into a
little angel?
It was truly remarkable
making it to the nearest manger
considering
all of Mary's complications.

We in turn, even with the latest
technology, could not do a thing.
If Jesus had been stillborn,
would have he also wound up
a little angel with a silent soul?

RETROPENA

BABYLAND

Las lápidas
circulares
son minas explosivas:
el corazón revienta
cuando
la fecha de nacimiento
coincide con la de
defunción.
Ya sé que vivir es morir
de a poco
pero vivir apenas unas horas
es una muerte reciénnacida
y
cada paso
un estallido de dolor
acribillante
en medio de este campo minado
de sueños jamás soñados.

BABYLAND

These circular markers
resemble landmines:
as the heart explodes upon
noticing that the date of
birth coincides with the
date of death.
I understand that living is
a slow journey to death
but when this journey
only lasts a few hours,
it's a newborn death
and
every step
a heartbreaking explosion
in the midst of this minefield
of dreams never dreamt.

Ahora también me doy cuenta
que envejecemos
al ver a otros partir antes de tiempo.
La paradoja:
mientras más vivimos,
más nos toca soportar la pérdida—
no sólo pérdida de vida
sino también de inocencia—,
y toda esta pérdida acumulada
termina igual con nuestras vidas.

I also reckon that people age
after seeing others go before
their time.
The paradox:
the longer one
lives, the longer one has to
endure loss—
not only loss of life
but also loss
of innocence,
and this accumulated loss
will eventually kill anyone.

NIEVES EN SHOW DE LILY ESTEFAN
(SUEÑO)

Yo tengo una niña
aquí en mi barriga
que no está ni muerta
ni tampoco viva.

Yo tengo una niña
aquí en mi barriga
ella vino al mundo
ya venía herida.

Yo tengo una niña
aquí en mi barriga
ella no está muerta
ella está dormida.

Yo tengo una niña…

Nieves On Lily Estefan's Show
(Dream)

I carry a *niña*
inside my womb
she is neither dead
nor she's moving soon.

I carry a *niña*
inside my womb
she came into being
with a prenatal wound.

I carry a *niña*
inside my womb
she is not playing dead
just a little snoozed.

I carry a *niña*...

Ya que mi hermana no pudo hallar una santera que hiciese una limpia
de la casa, consiguió un cura católico venido de la India para
santiguarla:

> – ¿Hace cuánto se mudaron?
> – Hace más de un año padre.

Todavía no entendía por qué habíamos esperado tanto
para bendecir la casa hasta que se detuvo delante de una
cuna vacía, llena de regalos sin abrir. Le temblaban las manos
mientras buscaba el pasaje bíblico más apropiado para la ocasión.
Al no hallarlo, cerró la biblia y dejó el dedo índice en Corintios,
cerró los ojos y dejó caer una lágrima.

Since my sister could not find a *santera* to perform a cleansing,
she brought a Catholic priest from India to bless our home:

      – When did you move in?
      – Over a year ago padre.

He didn't quite understand why we had waited so long
to bless our house until he stood before an empty cradle
filled with unopened presents. His hands trembled as he browsed
for the most appropriate biblical passage for the occasion. Since
he could not find any, he shut his bible closed, keeping his index
finger somewhere in Corinthians, closed his eyes, and shed a tear.

TURQUESA

¿Cómo pudo el óxido
crear tanta belleza?

Torso de bronce, dedos de bronce,
lengua de bronce,
revestida en turquesa
como la Estatua de la Libertad
o las fachadas de hierro forjado de Manhattan,
como el cascarón de petirrojos reciénpuestos
frágiles y precisos como la vida misma,
como la silueta de los rascacielos
enredada en estos dedos de bronce,
forjadores de versos— versos que también
se oxidarán—.

¿Cómo pudo el tiempo oxidar
tanta belleza?
Vida desteñida de turquesa sagrado,
turquesa tóxico e imposible de
recrear como la vida misma,
vida que se vuelve de color turquesa
a medida que nos oxidamos,
a medida que nos acercamos
al otro lado…

TURQUOISE

How could rust create
so much beauty?

Bronze torso, bronze fingers,
bronze tongue,
coated with turquoise
like the Statue of Liberty
or the cast-iron façades of Manhattan,
like eggshells of newly-hatched robins
frail and yet flawless like new life itself,
like the skyline silhouette
tangled in these bronze fingers
preoccupied with crafting verses—
verses
that will eventually rust as well.

How could time oxidize so much beauty?
Life turned into
sacred turquoise, toxic turquoise
impossible to reproduce as life itself—
as life itself turns into turquoise
as we rust,
as we approach the other side…

Hoy
te habríamos vestido
de conejita de Pascua,
a lo mejor ya hubieras estado
lista para recoger huevos:
algunos enterrados en la madriguera
otros colgados del mismo
árbol de la vida
talado antes de tiempo
mi conejita de Pascua.

Today
we would have dressed you up
in a bunny costume
perhaps you would have been
ready to go egg-hunting:
some buried in the burrow
some hanging from the same
tree of life
cut short for you
my little bunny.

Secondary Loss

Player 1: We've been expecting you!
Player 2: How is your daughter?
Poet: We lost her before she was born.
Player 2: I'm so sorry!

(Five minutes go by and it's business as usual:
red team, white team, eight on eight)

Player 3: Where have you been? I thought
          you were dead.
Poet: I was my friend, I was.

Pérdida colateral

Jugador 1: ¡Te hemos echado de menos!
Jugador 2: ¿Cómo está la niña?
Poeta: La perdimos antes de nacer.
Jugador 2: Lo siento mucho.

(Cinco minutos pasan y todo vuelve a ser como
antes: equipo rojo, equipo blanco, ocho contra ocho)

Jugador 3: ¿Dónde has estado? Pensé que
               te habías muerto.
Poeta: Como si lo hubiera estado, como si lo
         hubiera estado.

FATHER'S DAY

The client walks in.
He found the florist half-asleep
behind a stack of manila folders
betrayed by the motion of a rusty fan
circulating acrid air.

The client exits,
and the florist wishes him a good day:
Have a good day! he insists
and a happy Father's Day.

Once in his car
the client sits
behind the steering wheel
debating whether this encounter
was a signal from the other side
or simply a breach in someone
else's business.

Día del Padre

El cliente entra.
Sorprendió al florista medio dormido
escondido detrás de carpetas manila
delatado por el movimiento de un ventilador
oxidado, circulaba aire acre.

El cliente sale,
y el florista le desea un buen día:
¡Pase buen día!, insiste
y un feliz Día del Padre.

Ya dentro del coche
el cliente reflexiona si este encuentro
ha sido una señal del más allá
o simplemente una incursión en
asuntos que no le incumben
a nadie.

ORACLE

So much wisdom lies within
this modern Pythia
she manages to read the signs
even with her heart half-broken.
If her valves were fully functional
the world could rely upon
a matrix of love,
an oracle to invoque when
we mortals lack clarity—
for instance,
when we fail to explain
why an orange butterfly lands
right on top of the speedometer.

ORÁCULO

Tanta sabiduría yace dentro
de esta Pitia actual
hasta puede descifrar las señales
con el corazón a media máquina.
Si sus válvulas estuvieran a punto
el mundo contaría
con una matriz de amor,
un oráculo al cual invocar
cuando los mortales no podamos
discernir con claridad—
por ejemplo,
cuando no podamos explicar
por qué una mariposa anaranjada
se postra sobre el velocímetro—.

Eulogy For Nancy

> *"I always wanted to hug her like you*
> *hug a child... grief is a lonely island."*
> -- Pierre Gazarian

No man is a lonely
                island
but an essential piece
of an archipielago
made up of pain and sorrow
atop multiple layers
of loss upon loss, shale upon shale,
because
the crust of the world
is made up of *pena.*

Yet, those of us capable
of enduring this pain
stand out as
                promontories of love
visible miles away,
living sanctuaries where
we will eventually return as
earth returns to earth, ashes to ashes,
dust to dust.

ELEGÍA A NANCY

"Siempre la quise abrazar como se abraza
a un niño… la pena es una isla solitaria".
-- Pierre Gazarian

Nadie es
                              una isla
solitaria
todos conformamos
un archipiélago
hecho de dolor y sufrimiento
sobre múltiples capas
de pérdida sobre pérdida
estrato sobre estrato
puesto que
la corteza del mundo
está hecha de pena.

No obstante,
aquellos que somos capaces
de aguantar este dolor
resurgimos como
                              promontorios de amor
divisibles a leguas,
santuarios vivientes a donde
regresaremos con el tiempo, al igual
que el polvo vuelve otra vez al polvo,
la tierra a la tierra y la ceniza
a la ceniza.

hoy parece
un simulacro
del ayer:
el mismo sol
la misma lluvia
a la misma hora
del mismo viento
al pasar de un azulejo
y servirse el café
pero esta vez
sin magdalena…

hoy parece
un simulacro
del ayer:
el mismo sol
la misma lluvia
a la misma hora
del mismo viento
al pasar de otro azulejo
y servirse el café
pero esta vez
con mermelada…

hoy parece
un simulacro
del ayer:
el mismo sol
la misma lluvia
a la misma hora
del mismo viento
al pasar del azulejo
y servirse el café
pero esta vez
sin mantequilla…

la vida
es acaso también
una proyección continua
una readaptación constante
de la vida
que habíamos pensado
vivir…

today seems like
a remake
of yesterday:
same sun
same rain
at the same time
of the same wind
as the blue jay flies by
as I have a cup of coffee
but this time
with madeleines...

today seems like
a remake
of yesterday:
same sun
same rain
at the same time
of the same wind
as another blue jay flies by
as I have a cup of coffee
but this time
no marmalade...

today seems like
a remake
of yesterday:
same sun
same rain
at the same time
of the same wind
as the blue jay flies by
as I have a cup of coffee
but this time
with mantequilla...

life too is perhaps
an ongoing simulacrum
a continuous remake
of the life
we had planned
to live…

www.ingramcontent.com/pod-product-compliance
Lightning Source LLC
Chambersburg PA
CBHW032049090426
42744CB00004B/137